Björn Gemmer

Konzentration

– fit in 30 Minuten

pur

r

Kids auf

Die Deutsche Bibliothek - CIP-Einheitsaufnahme

Gemmer, Björn:
Konzentration : fit in 30 Minuten / Björn Gemmer.
- Offenbach : GABAL, 2001
(Kids auf der Überholspur)
ISBN 3-89749-131-1

Herausgeber: Das LernTeam, Marburg
Lektorat: Astrid Hansel, Frankfurt/Main
Layout, Illustrationen, Titel: Ulf Marckwort, Kassel
Illustration Rücktitel: Martina Foßhag, Kassel
Layout, Satz: Frank Werner, Kassel
Druck und Verarbeitung: Salzland Druck, Staßfurt

© 2001: GABAL Verlag GmbH, Offenbach

12. Auflage 2007

Hinweis:
Dieses Buch ist sorgfältig erarbeitet worden. Dennoch erfolgen
alle Angaben ohne Gewähr. Weder Autor noch Verlag können für
eventuelle Nachteile oder Schäden, die aus den im Buch gemachten
Hinweisen resultieren, eine Haftung übernehmen.

Printed in Germany

www.gabal-verlag.de
www.gabal-shop.de
ISBN 978-3-89749-131-1

Dieses Buch ist so konzipiert worden, dass du in kurzer Zeit erfährst, wie du deine Konzentrationsfähigkeit steigern kannst.

● Jedes Kapitel beginnt mit drei zentralen Fragen, die im Verlauf des jeweiligen Kapitels beantwortet werden.

● Nach jedem Kapitel werden die wichtigsten Inhalte noch einmal zusammengefasst.

● Am Ende des Buches findest du 9 (plus 1) starke Konzentrationstipps, mit denen du deine Konzentrationsfähigkeit verbessern kannst.

Da dieses Buch so klar und deutlich strukturiert ist, kannst du es immer wieder zur Hand nehmen, um schnell die für dich interessanten Teile zu wiederholen. Das Stichwortregister wird dir dabei eine zusätzliche Hilfe sein.

Inhalt

Hallo und

herzlich willkommen!

Du bist oft unkonzentriert, nicht voll bei der Sache? Dich nervt, dass du für das Erledigen mancher Aufgaben zu viel Zeit benötigst? Deine Klassenarbeiten zeichnen sich vor allem durch sogenannte Flüchtigkeitsfehler aus, kleine Rechen- und Schreibfehler, obwohl du weißt, wie das Wort geschrieben wird und wie man addiert und subtrahiert? Wenn das so ist, bist du in guter Gesellschaft.

Fehlende Konzentrationsfähigkeit ist das häufigste Verhaltensproblem bei Schülerinnen und Schülern. Man geht derzeit davon aus, dass mehr als ein Drittel aller Kids zum Teil erhebliche Probleme haben sich zu konzentrieren. Das betrifft Jungen übrigens noch mehr als Mädchen.

Was kannst du tun?
Die Befragung zeigt, dass man sich dieses Problems bewusst ist. Kinder und Jugendliche wissen um ihre mangelnde Konzentrationsfähigkeit und ihre Lehrer müssen sich damit herumschlagen. Doch was kann man tun?
An die Lehrer wird appelliert, den Unterricht interessanter zu gestalten. Doch was ist, wenn sie andere Sachverhalte interessant finden als du? Dir wird man vielleicht vorschlagen, Bachblütentee zu trinken und an dich selbst zu glauben.

Nichts gegen Bachblüten oder positive Autosuggestion, aber sollen das bereits alle guten Ratschläge gewesen sein? Es gibt zum Thema Konzentration in der Tat kaum konkrete Hilfen für Schülerinnen und Schüler. Dabei liegt es an dir, deine Konzentrationsprobleme anzugehen. Eltern und Lehrer können dich aber dabei unterstützen.

Die drei Säulen deiner Konzentration
Eine gute Konzentrationsfähigkeit behältst bzw. erlangst du, wenn du dich um drei Bereiche in deinem Leben kümmerst:

- geistige und körperliche Fitness,
- einen klaren Kopf und
- die Organisation deiner Arbeit.

Wie das genau funktioniert, erfährst du in diesem Buch. Dieser Ratgeber für Kinder und Jugendliche soll dir helfen, deine Konzentrationsprobleme in den Griff zu bekommen.

Viel Spaß und Erfolg wünscht dir

Björn Gemmer
(www.lernteam.de)

1. Wie steht es um deine Konzentration?

Was genau bedeutet Konzentration?

Was hat es mit dem Aufmerksamkeits-Defizit-Syndrom (ADS) auf sich?

Wie ist es um deine Konzentrationsfähigkeit bestellt?

Die Fähigkeit, sich konzentrieren zu können, ist eine Grundvoraussetzung für ein erfolgreiches und glückliches Leben. Arbeitest du *konzentriert* für die Schule, hast du nicht nur gute Noten, sondern auch mehr Freizeit.

Beim Sport wirst du mehr Spaß und Erfolg haben, wenn du konzentriert am Spiel teilnimmst und selbst ein Computerspiel kann zum Erfolgserlebnis werden, wenn du die Welt um den Bildschirm herum vergisst und neue Rekorde aufstellst.

Man wird sich gern mit dir unterhalten und du wirst mehr Freunde gewinnen, wenn du konzentriert am Gespräch teilnimmst, d.h., wenn du zuhören kannst, auf das Gesagte eingehst und die Unterhaltung weiterbringst.

Jeder kann konzentriert sein!

Wenn du lernst, dich für Aufgaben zu motivieren, durch körperliche und geistige Fitness die Voraussetzungen für Konzentration zu schaffen und dir zudem ein geeignetes Arbeitsumfeld und ein gut organisiertes Arbeitsverhalten zulegst, kannst du konzentriert sein. Wie das funktioniert, zeige ich dir in diesem Buch.

Falls du zu der Gruppe von Jugendlichen gehörst, die das Aufmerksamkeits-Defizit-Syndrom haben, kann dieses Buch für dich nicht die einzige Hilfe sein. Mehr dazu erfährst du ab Seite 12.

Was ist Konzentration?

Der Begriff „Konzentration" kommt von dem lateinischen Wort „concentrare – sich in einem Punkt vereinigen, verdichten". In Lexika oder Psychologiebüchern finden sich jedoch stets Abwandlungen dieser wörtlichen Übersetzung.

Konzentration bedeutet:
● die Aufmerksamkeit auf eine bestimmte Sache richten
● und sich dabei von nichts ablenken lassen.
Doch wie kannst du es schaffen, konzentriert zu sein?

Konzentration erlangst du
● indem du interessiert bist. So gelingt es dir auf Parties, auch im größten Stimmengewirr nur die Worte deines Gegenübers bewusst wahrzunehmen, weil du dich dafür interessierst.
● indem du körperlich und geistig fit bist, um deine Aufmerksamkeit auf *eine* Sache lenken zu können. Stell dir einen Leichtathleten unmittelbar vor einem wichtigen Wettkampf vor, der seinen Körper voll unter Kontrolle hat, um seine Bewegungsabläufe genau zu koordinieren.
● indem du einen klaren Kopf hast, um nicht abgelenkt zu werden. Ein Fluglotse darf sich während seiner Arbeit auch nicht ablenken lassen, denn dies könnte einen Absturz zur Folge haben.

- indem du hartnäckig bist, um Durststrecken und Motivationslöcher überwinden zu können. Nimm dir eine Gruppe von Forschern zum Vorbild. Sie werfen nicht alles hin, wenn ein Experiment nicht funktioniert, sondern lernen aus ihren Fehlern, um beim nächsten Anlauf mehr Erfolg zu haben.
- indem du organisiert bist, um die anstehenden Aufgaben auch in die Tat umsetzen zu können. Mit der richtigen Methode und einer sorgfältigen Planung gelingt es dir, deine Gedanken und Ideen in die richtigen Bahnen zu lenken – so wie es die Menschen bei der Post schaffen, für jeden der Millionen Briefe täglich den schnellsten und sichersten Weg zu finden.

Wie ist das bei dir?

Wann bist du konzentriert? In welchen Situationen gelingt es dir, dich lange mit nur *einer* Sache zu beschäftigen?

Warum kannst du dich dabei so gut konzentrieren?

Das Aufmerksamkeits-Defizit-Syndrom (ADS)

Untersuchungen an mehreren tausend Münchner Schülern haben gezeigt, dass etwa 6% der Jungen und 3% der Mädchen an dem sogenannten Aufmerksamkeits-Defizit-Syndrom – kurz ADS – leiden. Was hat es damit auf sich?

Symptome für ADS

Gibt es Kennzeichen, die du auch an dir beobachtet hast? Kreuze an, was dir bekannt vorkommt!

- Ich kann mich nicht konzentrieren – auch nicht für kurze Zeit.
- Ich schlage mich oft und habe mich häufig nicht unter Kontrolle.
- Meine Mitschüler haben Angst vor mir.
- Ich habe keine guten Freunde.
- Was meine Eltern und Lehrer sagen, geht bei mir zum einen Ohr rein und zum anderen wieder raus.
- Viele sagen, ich würde undeutlich sprechen.
- Ich kann oft nicht gut schlafen.
- Meine Stimmung schwankt sehr stark. Manchmal bin ich total gut drauf, dann könnte ich wieder nur heulen.
- Ich bin ein echter Draufgänger und verletze mich daher auch recht oft.
- Meine Eltern sagen, ich würde viel zu viel und viel zu schnell essen.

Ursachen für ADS

Zur Übertragung von Reizen an den Kontaktstellen der Nervenzellen (Synapsen) sind sogenannte Neuronentransmitter wie Serotonin, Dopamin und Noradrenalin nötig. Bei ADSlern liegt eine Störung des Neurotransmitterstoffwechsels vor. Die Menge der für die Signalübertragung notwendigen Neurotransmitter ist zu gering.

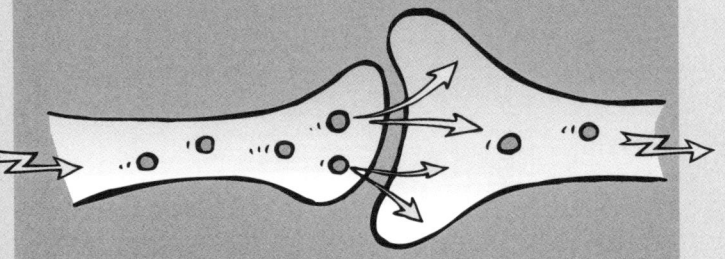

Wie kann man helfen?

Falls mehrere Erkennungsmerkmale auf dich zutreffen, solltest du mit deinen Eltern darüber sprechen, dir aber keine übertriebenen Sorgen machen! ADS kann man in den Griff bekommen und nicht selten löst sich das Problem im Laufe der Pubertät.

Ob du am ADS leidest oder nicht – dieses Buch ist in jedem Fall eine Hilfe, deine Konzentrationsfähigkeit zu verbessern. Im Falle von ADS kann es aber nicht die einzige Hilfe sein. Falls deine Eltern der Meinung sind, dass du am ADS leiden könntest, geh mit ihnen zusammen zu einer Beratungsstelle. Adressen findest du auf Seite 61.

Kleiner
Konzentrations-Check

Mit diesem kleinen Konzentrations-Check kannst du dir einen ersten Überblick über deine persönliche Konzentrationsfähigkeit verschaffen. Kreuze die Antworten an, die auf dich am ehesten zutreffen.

1. Reizen dich neue Aufgaben?
- In neuen Herausforderungen gehe ich so richtig auf. (1)
- Manchmal, aber eigentlich selten. (2)
- Ich kann mich zu nichts motivieren. (3)

2. Fühlst du dich frisch und ausgeschlafen?
- Ja, ich könnte Bäume ausreißen. (1)
- Es gibt Zeiten am Tag, da ist das so. (2)
- Lass mich bitte in Ruhe abchillen! (3)

3. Wo sind deine Gedanken?
- Immer bei der Sache, die ich gerade tue. (1)
- Bis auf ein paar Tagträume habe ich sie im Griff. (2)
- Wie, was? Ähh - ich glaube, ich habe keinen Einfluss darauf, die machen, was sie wollen. (3)

4. Machst du in Tests viele Flüchtigkeitsfehler?
- Was sind Flüchtigkeitsfehler? (1)
- Schon ein paar, meist zu Beginn und gegen Ende. (2)
- Schrecklich, immer alles rot. Dabei weiß ich doch, wie es richtig ist. (3)

5. Bist du hartnäckig?
- Das ist alles eine Frage von Konsequenz und Disziplin. Was ich anfange, bringe ich auch zu Ende. (1)
- Manchmal zwinge ich mich zu etwas, aber selten. (2)
- Ich gehe stets den Weg des geringsten Widerstandes. (3)

6. Wie groß ist dein Bewegungsdrang?
- Ich bin die Ruhe selbst und trotzdem nicht schlapp. (1)
- Langes Sitzen oder Stehen fällt mir schwer.(2)
- Ich kann keine 10 Sekunden still sitzen. (3)

7. Hast du genügend Zeit?
- Ja, denn meine Aufgaben erledige ich schnell und zuverlässig. (1)
- Ja, wenn ich das eine oder andere nicht mache. (2)
- Ich komme zu nichts! (3)

8. Lässt du dich leicht ablenken?
- Es gelingt mir in der Regel, bei der Sache zu bleiben. (1)
- Nur durch wirklich spannende Dinge! (2)
- Leider von nahezu jedem Geräusch oder Blickfang. (3)

9. Hast du einen Überblick über deine Aufgaben?
- Ich weiß immer, was gerade zu tun ist. (1)
- Manchmal vergesse ich eine Aufgabe oder schaffe sie zeitlich nicht. (2)
- Mir ist alles zu viel! (3)

ons-Check

▶

10. Der klassische d-Test

Der folgende Test liefert dir keine weiteren Punkte. Du kannst ihn immer wieder durchführen, um festzustellen ob sich deine Konzentrationsfähigkeit verbessert hat.

Du hast zwei Minuten, um ohne Hilfsmittel (z.B. Finger) die „d" herauszusuchen. Markiere die Stelle, bis zu der du gekommen bist, und notiere die Anzahl der „d".

```
d b d d q d p p q d d b b d b d b b d d q d d p d b b p d
q p b q b b q d b b p b p q q d d d d q b b p b q p d p d
d q b b q d p d d b b d b b b d q p d b b d d b b b d d q
q p b b d b d q p b d b d q q p b q q p d d b b b b b b
b d q q p p p d d d b d d q d p p q d d b b q q d b d b b
d d q d b p d b b p b b d q p b q b b q d b b p q q d d d
d q b b p b b p q q b p d d q b b q d p d d d b b b d q p
b b b d d b b b d d d d q q b p p q b b p d b d q q p d q
q p d d b b b d d b b b b d q q p d p q d b d d d b d d q
d q p p q d d b b d b d b b d d q d b b p b b d q p b q b
b q d p d d q q p b b d b d q p b d b d q q p b q q p d d
b b b b b b b b d q b q p p p d d d b d d q d p p q d d b
b q q d b d b b p q d d q d b p d p p q d d b b d b d b b
d d q d d p d b b p d q p b q b b q d b b p b p q q d d d
p b b d d b b b b d q q p d p q d b d d d b d d q d q p p
q d d b b d b d b b d d q d b p d d q b b q d p d d b b d
b b b d q p d b b d d b b b b d d q q p b b d b d q p d d d
d b d q q p b q q p d b p q b d b d q q p d q q p d d b b
b d d b b b b d q d b d b b d d q d b b p b b d q p b q b
```

Wie viele Punkte hast du erreicht?

9 bis 13 Punkte:

Du bist immer voll bei der Sache. Dieses Buch soll dir helfen, dass das auch so bleibt. Viel Spaß dabei.

14 bis 19 Punkte:

Du bist auf dem besten Weg zum Erfolg. Dieses Buch wird dir helfen, deine Konzentrationsfähigkeit weiter zu verbessern.

Mehr als 19 Punkte:

Du hast das Glück, dieses Buch in der Hand zu halten. Es wird dir dabei helfen, deine Konzentrationsfähigkeit zu steigern und dadurch in der Schule wie privat erfolgreicher und zufriedener zu werden.

Zusammenfassung

Konzentration heißt, seine Aufmerksamkeit auf eine bestimmte Sache zu richten und sich dabei nicht ablenken zu lassen. Du erreichst diese Konzentration durch körperliche und geistige Fitness, einen klaren Kopf und ein organisiertes Arbeitsverhalten.

Doch es gibt Grenzen. Wenn du am ADS leidest, solltest du zusätzlich ärztliche Hilfe in Anspruch nehmen. Wie es um deine persönliche Konzentrationsfähigkeit bestellt ist, hat dir der Konzentrations-Check gezeigt.

2. Volle Kraft voraus!

Wie kannst du durch Spaß an der Sache
deine Konzentrationsfähigkeit verbessern?

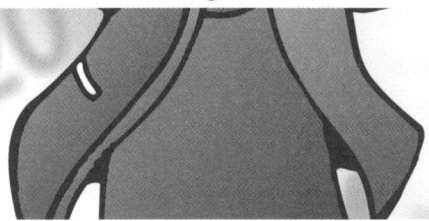

Was hat Sport mit Konzentration zu tun?

In welchem Zusammenhang stehen Konzentration
und Ernährung und was ist eigentlich Brain Food?

Kennst du Situationen, in denen du zu nichts fähig bist? Du fühlst dich einfach nur schlapp, lässt dich lieber auf dem Sofa liegend vom Fernsehgerät berieseln, als aktiv zu sein und anstehende Aufgaben in Angriff zu nehmen. Diese Trägheit kann folgende drei Ursachen haben:

- fehlende Motivation,
- zu wenig Bewegung und/oder
- falsche Ernährung.

Wer motiviert ist, ist auch konzentriert. Wer beim Tennis unbedingt den Sieg mit nach Hause nehmen möchte, vergisst die Welt um den Platz herum, konzentriert sich voll auf Ball und Gegner.

Wer trainiert und körperlich fit ist, hat wichtige Voraussetzungen geschaffen, um konzentrationsfähig zu sein. Experimente des Hirnforschers Terrence Sejnowski vom Salk Institute beweisen dies. Das Herz-Kreislauf-System arbeitet ruhig und effektiv und die Blutbahnen zum Kopf sind frei, um das Gehirn mit ausreichend Sauerstoff zu versorgen. Neben der Bewegung ist die Ernährung der wichtigste Faktor für körperliche Fitness.

Wie du dich motivieren und durch Sport sowie die richtige Ernährung deine Gehirnleistung und damit deine Konzentrationsfähigkeit verbessern kannst, erfährst du in diesem Kapitel.

Was hindert dich, Spaß an deiner Arbeit zu haben? Fühlst du dich vielleicht gelangweilt oder überfordert? Nimm dir ein Blatt und notiere deine persönlichen Motivationskiller! Falls du beim Lesen dieses Kapitels deine Motivationskiller wiederentdeckst, erfährst du, wie du sie erfolgreich bekämpfen kannst.

Überfordert?

Viele Schüler verlieren schon beim Anblick einer Aufgabe die Lust, sie zu bearbeiten, weil sie sich überfordert fühlen. Wenn ich von dir z.B. verlangen würde, den Elektronen-Bahn-Radius im Bohr'schen Atommodell zu berechnen, ginge es dir vermutlich auch so. Die folgenden Tipps helfen dir, das Gefühl von Überforderung loszuwerden.

Mach es wie Henry Ford!

Henry Ford, der Gründer der Ford-Motor-Company, ist der Erfinder der Fließbandarbeit, bei der viele Menschen viele verschiedene Arbeiten ausführen, die am Schluss doch ein Ganzes ergeben. So wird in tausenden kleinen Arbeitsschritten das High-Tech-Produkt „Auto" hergestellt, was für eine Person allein nie zu bewältigen wäre. Dieses Prinzip, Aufgaben in kleine und überschaubare Einzelschritte zu zerlegen und sie dadurch einfacher zu machen, solltest du dir auch zu eigen machen.

Wie eine solche Zerlegung der Aufgaben bezogen auf deinen Unterrichtsstoff aussehen kann, erfährst du, wenn im letzten Kapitel der Aktionsplan für ein besseres Arbeitsverhalten vorgestellt wird. Damit kannst du sogar den Bohr'schen Radius rausbekommen.

Lass dir nichts einreden, rede dir selbst was ein!

Du solltest dich von dem Geschwätz einiger Miesmacher nicht beeindrucken lassen! Besinn dich statt dessen auf deine Stärken. Frag dich: „Was kann ich so richtig gut? Worin habe ich bereits Erfolg gehabt?", und versuche deine Fähigkeiten auf die neue Aufgabe anzuwenden. Mach dir Mut, dieses Buch zu lesen und die Ratschläge in die Tat umzusetzen, indem du deinen Mutmachersatz (z.B. „Ich bin gut drauf und schaffe das!") formulierst!

Mein Mutmachersatz:

Gelangweilt?

Ein weiterer Motivationskiller ist Langeweile. Sie kommt meist dann auf, wenn man sich unterfordert fühlt.

So würde es dich wahrscheinlich schrecklich anöden, zu zählen, wie oft das Wort „du" bis *jetzt* in diesem Buch vorgekommen ist. Doch auch gegen Unterforderung kannst du etwas tun:

Mach Aufgaben schwieriger!

So kannst du tatsächlich gegen Langeweile ankämpfen. Bezogen auf das „du"-Beispiel könntest du zunächst die Anzahl schätzen und dir für das Zählen ein Zeitlimit setzen. Du denkst jetzt vielleicht, dass du das mal schön sein lassen wirst, da kein Mensch so blöd ist, sich das Leben unnötig schwer zu machen. Aber genau das ist oft der richtige Weg. Du kennst vielleicht die kleinen Spielchen, auf Betonplatten beim Laufen die Fugen nicht berühren zu wollen oder mit dem Fahrrad exakt vor einer roten Ampel zum Stehen zu kommen, ohne bremsen zu müssen. Auf diese Weise machst du Aufgaben schwieriger – führst einen Wettkampf mit dir selbst, um mehr Spaß und am Ende Erfolg zu haben. (Übrigens: die richtige Antwort lautet: 69 mal „du"!)

Uninteressant?

Ein weiterer Motivationskiller ist das Desinteresse. Aufgaben interessant zu gestalten ist nicht einfach. Dennoch gibt es Tricks, mit denen es gelingen kann. Probier es doch einfach einmal aus und versuch, die folgende Aufgabe zu lösen:

Verbinde die neun Punkte mit vier geraden Strichen – ohne abzusetzen und ohne eine Linie zweimal zu fahren. (Lösung auf Seite 31)

● ● ●

● ● ●

● ● ●

Beginne mit der 5-Minuten-Strategie

Wenn du die Aufgabe gleich beginnst, wirst du merken, wie dich der Ehrgeiz packt, die Lösung zu finden. Das Interesse wächst und du bist konzentriert bei der Sache. Falls dein Interesse nicht innerhalb der ersten fünf Minuten wächst, leg die Aufgabe zur Seite und versuch es zu einem späteren Zeitpunkt noch einmal.

Such dir Vorbilder!

Wenn man ein Vorbild hat, ist es leicht, sich für ein Fachgebiet oder eine Freizeitbeschäftigung zu begeistern. So lösten z.B. Boris Becker und Steffi Graf Mitte der 80er-Jahre einen regelrechten Tennis-Boom aus.

Vielleicht gibt es in deiner Verwandtschaft oder unter deinen Lehrern eine Person, der du gerne nacheifern würdest. Für deine Motivation wäre es eine tolle Sache.

Nutze deine Möglichkeiten!

Sei dir stets bewusst, dass du in einem Land lebst, in dem du alle Möglichkeiten hast, etwas aus dir zu machen. In Schulen, Universitäten und Bibliotheken steht dir das Wissen der Welt kostenlos zur Verfügung. Nutze diese Chance und mach was draus!

Sei hartnäckig!

Wenn du dich nun motivieren konntest, eine Aufgabe in Angriff zu nehmen, hilft dir auf dem Weg zum Erfolg vor allem eines weiter: Hartnäckigkeit!

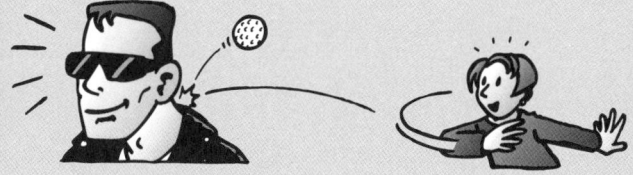

Wie wichtig diese Eigenschaft ist, können viele berühmte Persönlichkeiten bestätigen:

Die Beatles haben sich jahrelang in Kellern und kleinen Clubs die Finger blutig gespielt, bevor sie die erfolgreichste Band aller Zeiten wurden. Von Klaus Kinski, dem genialen und durchgeknallten Schauspieler, weiß der Regisseur Werner Herzog zu berichten, dass er in jungen Jahren bis zur totalen Erschöpfung wochenlang und ununterbrochen vor einem Spiegel probte. Und Albert Einstein sind seine Relativitätstheorien nicht im Vorbeigehen eingefallen, sie sind vielmehr das Ergebnis jahrelanger konzentrierter Arbeit.

Joey Kelly, Musiker, Manager und Ausdauersportler meint dazu: „Wenn man sich überlegt, warum man auch aufgeben könnte, hat man eigentlich schon aufgegeben."

Gib also nicht auf! Denk nicht mal daran! Begabung allein reicht nicht aus, du musst zudem hartnäckig genug sein, deine Begabung konsequent zu nutzen.

In Klöstern wurden früher eigens Wandelgänge angelegt, in denen sich die Mönche während des Nachdenkens bewegen konnten. Man hatte also schon vor Jahrhunderten erkannt, dass sich Bewegung positiv auf die Konzentrationsfähigkeit auswirkt. Aber warum?

Sport regelt deinen Gehirnhaushalt

Neurotransmitter sind in deinem Gehirn dafür verantwortlich, Reize und damit Informationen im Netzwerk der Nervenzellen weiterzuleiten. Damit du dich konzentrieren kannst, muss dein Neurotransmitterhaushalt ausgewogen sein, d.h., die verschiedenen Stoffe müssen in einem bestimmten Verhältnis zueinander vorhanden sein.

Durch Sport kannst du dieses Verhältnis optimieren, da die Neurotransmitter vermehrt im Sauerstoffüberschuss gebildet werden – also in dem Bewegungszustand, in dem dein Körper mehr Sauerstoff aufnimmt, als er benötigt. Das tut er bei vielen Sportarten, z.B. beim langsamen Joggen, beim Skilanglauf oder bei einer langen Radtour.

Sport baut Stress ab

Stress ist einer der größten Konzentrationskiller und wird durch das Stresshormon Adrenalin verursacht. Durch Bewegung wird dieses Hormon im Körper abgebaut und die Konzentrationsfähigkeit steigt wieder an.

Freie Bahn für freie Gedanken

Fett lagert sich gern in deinen Blutgefäßen ab und kann dort die Sauerstoff- und Nährstoffzufuhr zum Gehirn behindern. Als Folge lässt die geistige Leistungsfähigkeit stark nach. Durch Bewegung bauen deine Muskeln dieses Fett mit Hilfe von fettabbauenden Enzymen ab und sorgen dafür, dass du fit wirst – körperlich wie geistig.

Sport sorgt auch für geistige Beweglichkeit

Du weißt vielleicht, dass deine linke Gehirnhälfte deine rechte Körperhälfte steuert und umgekehrt. Beim Sport müssen beide Körperhälften perfekt harmonieren. Sport fördert also die Koordination deiner Gehirnhälften. Das kommt dir auch beim Lernen zugute. Je besser beide Gehirnhälften zusammenarbeiten, umso leichter fällt es dir, dich zu konzentrieren.

Treibe Mannschaftssport!

Mannschaftssport hat unglaublich viele Vorteile:

- Mannschaftssport macht Spaß!
- Du lernst, mit unterschiedlichen Leuten gut auszukommen.
- Du lernst, den Überblick zu behalten und auf unerwartete Situationsänderungen blitzschnell zu reagieren.
- Du lernst, dich selbst besser einzuschätzen.
- Du förderst die Zusammenarbeit deiner Gehirnhälften.
- Du lernst Durchhaltevermögen und Hartnäckigkeit, denn du musst zum Training, auch wenn du keine Lust hast, und du musst ein Spiel zu Ende bringen, auch wenn du eigentlich schon nicht mehr kannst.
- Du lernst, mit Niederlagen umzugehen.

Sport als Konzentrationsübung

Siehst du gern Sportübertragungen im Fernsehen? Wenn ja, ist dir sicher schon aufgefallen, wie angespannt und konzentriert Profisportler im Wettkampf sind. Der Tennisspieler vor dem Aufschlag, der Leichtathlet vor dem Start oder der Fußballer beim Elfmeter – sie alle befinden sich in einer Phase höchster Konzentration. Diese enorme Konzentrationsfähigkeit haben sie sich im Rahmen vieler Trainingsstunden angeeignet.

Nutze auch du das Konzentrationstraining „Sport" und profitiere davon in Schule und Freizeit!

Power-Nahrung
für dein Gehirn!

Der Begriff „Brain Food" ist mittlerweile in aller Munde. Dahinter verstecken sich Nahrungsmittel, die unserem Gehirn das geben, was es braucht, um konzentrationsfähig zu sein, beispielsweise Serotonin und Dopanin, aber auch Acetylcholin und Katecholamine. Doch was solltest du essen, damit dein Gehirn diese Stoffe ausschütten kann?

Vitamine

Vitamine sind vor allem in frischem Obst, Salat und Gemüse. Du solltest diese Lebensmittel nach Möglichkeit in Form von Rohkost zu dir nehmen, da durch die Hitze beim Kochen oder Braten ein erheblicher Teil der Vitamine verloren geht.

Mineralstoffe

Mineralstoffe wie Kalzium, Magnesium, Jod, Eisen und Zink sind ebenfalls vor allem in frischem Salat und Gemüse enthalten. Dem Eisen kommt dabei eine besondere Bedeutung zu, da Eisenmangel die Konzentrationsfähigkeit stark herabsetzt. Die Eisenaufnahme wird durch Fleisch, Fisch und Geflügel verbessert.

Kohlehydrate

Kohlehydrate sind die wichtigsten Energielieferanten. Sie kommen in Nudeln, Reis, Kartoffeln und Vollkornbrot vor.

Eiweiß

Eiweiß ist einer der wichtigsten Nahrungsbestandteile. Nur wenn du ausreichend Eiweiß zu dir nimmst, kann dein Gehirn optimal arbeiten. Eiweißlieferanten sind z.B. Hülsenfrüchte wie Linsen oder weiße Bohnen, aber auch Fisch und Fleisch.

Süßigkeiten = Nervennahrung?

Gehörst du auch zu denen, die glauben, hin und wieder etwas Süßes zu brauchen, um die Nerven zu beruhigen und so die Konzentrationsfähigkeit zu verbessern? Dann solltest du wissen, dass das bestenfalls kurzzeitig funktioniert. Wenn du Zucker oder Traubenzucker aufnimmst, erhöht sich dein Blutzuckerspiegel zunächst und du hast kurzzeitig das Gefühl leistungsfähiger zu sein. Ist der Blutzuckerspiegel durch die Süßigkeit sehr hoch, dann bekommt deine Bauchspeicheldrüse den Befehl: Insulin produzieren! Dieses Hormon senkt den Blutzuckerspiegel extrem ab. Die Folge: Du bist schlapper und unkonzentrierter als vorher und bekommst immer mehr Lust auf Süßes.

Fruchtzucker ist besser!

Fruchtzucker aus Bananen, Orangen oder Äpfeln hat eine beruhigende Wirkung auf deine Nerven. Er führt nicht zu heftigen Blutzuckerschwankungen, sondern liefert deinem Gehirn *kontinuierlich* Energie.

Trink, trink…!

Ausreichend Flüssigkeit ist sehr wichtig. Trink daher über den Tag verteilt möglichst viel – auch beim Arbeiten! Am besten eignet sich Apfelsaftschorle, denn das Mineralwasser liefert Mineralstoffe wie Magnesium und Kalzium und der Apfelsaft zusätzlich Vitamine.

Davon solltest du die Finger lassen!

- *Koffein*, denn wer häufig Kaffee, Tee oder Cola trinkt, ist bei Entzug reizbar, nervös, müde, lustlos und unkonzentriert.
- *Fett*, denn zu fettes Essen bremst deine Konzentration.

Brain-Power-Speisekarte

Falls dich deine Eltern demnächst nach deiner Leibspeise fragen…! Hier ist Platz für deine Brain-Power-Speisekarte, die z.B. Vollkornmüsli am Morgen, Salat am Mittag und viel frisches Obst enthalten sollte.

Tipp

Frühstücke!

Ein reichhaltiges Frühstück mit Milch, Joghurt, Vollkornbrot, Haferflocken, Obst und frischem Fruchtsaft liefert Eiweiß, Vitamine, Lecithin und wichtige Aminosäuren, wodurch dein Serotonin-Spiegel steigt – und damit auch deine Konzentrationsfähigkeit! Wenn du früh morgens noch keinen Hunger hast, nimm dir ein Pausenbrot, einen Becher Joghurt, Obst und rohes Gemüse mit in die Schule.

Zusammenfassung

- Die drei Säulen deiner körperlichen und geistigen Fitness sind Motivation, Bewegung und Ernährung.
- Du motivierst dich, indem du die Motivationskiller Über- bzw. Unterforderung und Desinteresse durch einfache Tricks ausschaltest und dich hartnäckig zeigst.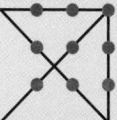
- Durch Bewegung und die richtige Ernährung wirst du körperlich und damit auch geistig ausdauernder und kannst dich länger konzentrieren. Verantwortlich dafür sind unter anderem die Neurotransmitter, die der Körper in bestimmten Situationen vermehrt produziert.

Übrigens, des Rätsels Lösung:

3. Mit klarem Kopf geht's besser

**Was hat dein Arbeitsplatz
mit deiner Konzentration zu tun?**

**Wie helfen dir Erholung und Entspannung,
dich besser zu konzentrieren?**

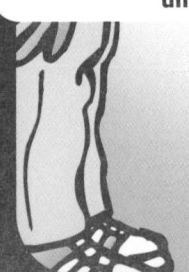

**Weißt du, wie du deine Bedürfnisse managen kannst,
um konzentriert zu arbeiten?**

Der Straßenlärm betäubt deine Ohren, der Wellensittich tut sein übriges, während die Katze um deine Beine streicht. Deine Mutter steht hinter dir und löchert dich, warum du so spät nach Hause gekommen bist, warum Lukas nicht dabei war und überhaupt – wo du eigentlich warst. Du willst von all dem nichts hören, denn dir geht der Streit mit Sarah nicht aus dem Kopf und du musst außerdem aufs Klo. Du bist völlig genervt, dein Nacken ist verspannt und dein Schädel brummt. Zu allem Übel findest du unter einem Stapel von Büchern, Heften und CDs einen Zettel: morgen Mathearbeit!

Kennst du diese oder ähnliche Horrorszenarien, in denen du keinen klaren Gedanken fassen kannst, obwohl du es müsstest? Du hast nun die Gelegenheit, deine größten Konzentrationskiller aufzuschreiben. Suche dann auf den folgenden Seiten nach Tipps, die dir helfen, sie zu beseitigen.

Meine größten Konzentrationskiller:

Hast du schon einmal versucht, am Bahnhof, an der Bus-
haltestelle oder im Schulbus Hausaufgaben zu machen?
Wenn ja, warst du mit dem Ergebnis zufrieden? Hast du
schon einmal die Wiederholung des Unterrichtsstoffes bis
zur letzten Pause vor der Klassenarbeit aufgeschoben? Was
kam dabei heraus? Dein Arbeitsumfeld hat Auswirkungen
auf deine Konzentration. Damit wird ein sinnvoll gestaltetes
Umfeld zu einer Voraussetzung für konzentriertes Arbeiten.
Versuche deshalb, folgende Tipps beim Arbeiten zu berück-
sichtigen.

Arbeite an einem festen Arbeitsplatz!

Wenn du stets an einem festen Platz arbeitest, ist dieser
Ort für dich mit der Tätigkeit „Arbeiten" verknüpft. Außerdem
ist dir deine Arbeitsumgebung vertraut; es gibt dort nichts
Neues, das dich ablenken könnte.

Wo steht dein Schreibtisch?

Der Tisch, an dem du arbeitest, sollte so ausgerichtet sein,
dass du zur Wand blickst und das Licht von links (bei
Linkshändern von rechts) einfällt. So ist es hell und du wirst
trotzdem nicht durch das abgelenkt, was sich vor deinem
Fenster abspielt.

Sitzkeil statt Stuhlkippeln

Gehörst du zu denjenigen, die durch ständiges Stuhlkippeln sich selbst und andere ablenken und hin und wieder für Aufsehen sorgen, da einmal mehr die Schwerkraft gesiegt hat? Wenn ja, verwende einen Sitzkeil oder einen Wackelball! Ein Sitzkeil sorgt dafür, dass du aufrecht sitzt, ein Pezzi-Ball hält dich zusätzlich in Bewegung. Das ist besser für deine Wirbelsäule *und* für deine Konzentration.

Schirm dich ab gegen Störungen von außen!

Neben der Ablenkungsgefahr, die von einem Fenster im Arbeitsbereich ausgeht, ist es vor allem der Lärm, der dich vom konzentrierten Arbeiten abhält. Sorg daher dafür, dass dein Arbeitszimmer eine Tür hat, die du schließen kannst. Betäubt Straßenlärm deine Ohren, dann schließ auch das Fenster.

Aber sorg auch für ausreichend Sauerstoff!

Ohne genügend Sauerstoff wirst du sehr schnell müde und unkonzentriert. Arbeite daher nach Möglichkeit bei leicht geöffnetem Fenster. Im Winter oder bei zu großem Außenlärm lüfte vor dem Arbeiten kräftig durch.

Benutze eine To-Do-Box!

Bastle deine persönliche To-Do-Box, die dir helfen soll, bei der Sache zu bleiben. Wenn deine eigenen Gedanken zu Konzentrationskillern werden, solltest du sie aus deinem

Kopf befördern, auf einen Zettel bannen und diesen in deine To-Do-Box legen. So können sie dich nicht ablenken, gehen aber dennoch nicht verloren. Wenn du deine Aufgabe fertig bearbeitet hast, kannst du dich um die Dinge kümmern, die du aufgeschrieben hast.

Beherrsche das Chaos!

Ordnung am Arbeitsplatz ist aus zwei Gründen wichtig. Zum einen musst du deine Konzentration nicht durch lästiges Suchen unterbrechen, zum anderen wirst du nicht von Gegenständen wie Computerspielen, Handys oder Zeitschriften vom Arbeiten abgelenkt. Ordnung heißt in diesem Zusammenhang aber nicht, dass dein Zimmer aussieht, als hätte dort ein Raumpflegerwettbewerb stattgefunden. Es kommt darauf an, dass du weißt, welche Arbeitsmaterialien wo zu finden sind.

Schaff dir eine Wohlfühl-Atmosphäre!

Eine angenehme Arbeitsatmosphäre ist Voraussetzung für konzentriertes Lernen. Gestalte dein Zimmer so, dass du dich darin wohl fühlst. Dazu können Bilder, Pflanzen und angenehme Farben beitragen.

Aufgabe

Setz die Ratschläge in die Tat um und mach aus deinem Zimmer einen Ort der Konzentration. Bei größeren Umbaumaßnahmen frag aber zunächst deine Eltern.

Abchillen
– aber richtig!

Hindert dich oft eine innere Anspannung daran, konzentriert zu arbeiten? Bist du vor Klassenarbeiten oft nervös und zittrig? Wenn ja, werden dir die nächsten Seiten genauso helfen wie demjenigen, der sich oft müde fühlt und nur schwer in Schwung kommt. Du erfährst nun, wie du durch Entspannung deine Konzentration steigern und sinnvoll „abchillen" kannst.

Wieso geht's mit Entspannung besser?

Der Übergang von Stress und Unruhe zu einer Phase der Erholung und Entspannung wird vom vegetativen Nervensystem gesteuert, das unter anderem für die Selbstregulierung deiner inneren Organe verantwortlich ist. In der Entspannungsphase setzen deine Organe erheblich weniger Energie um – dein Körper läuft auf „Sparflamme". Die eingesparte Energie kannst du dann umso mehr beim Lernen nutzen. Du kannst klarer denken und dich besser konzentrieren.

Vorbereitungen

Um durch Entspannungsübungen zu neuer Energie zu gelangen, musst du einige Vorbereitungen treffen. Achte auf eine störungsfreie Umgebung und sorg für ausreichend frische Luft. Wenn es dich irgendwo zwickt oder drückt, stelle es nach Möglichkeit ab. Kleide dich bequem und geh vorher nochmal auf's Klo!

Entspannungsübungen sind doof?!

Entspannungsübungen sind nicht nur was für Buchweizen-grützeesser und Grünteetrinker. Auch wenn du die Übungen zu Beginn albern findest und dir alles recht komisch vor-kommt, solltest du dich dennoch darauf einlassen. Nur dann funktioniert es und dein Körper kann wirklich ent-spannen.

Schlaf ist die beste Entspannung

Studien haben ergeben, dass wir zu wenig schlafen – pro Nacht durchschnittlich zwei Stunden weniger als unsere Vorfahren vor hundert Jahren. Dabei ist Schlaf enorm wichtig. Erwachsene sollten sich etwa 8 Stunden pro Tag in süßen Träumen wiegen, Kids – je nach Alter – bis zu 10 Stunden. Darüber hinaus schenkt dir ein Mittagsschlaf neue Kraft! Achte jedoch darauf, dass er nicht länger als 30 Minuten dauert, sonst gerät dein Schlafrhythmus durcheinander.

Atemübung

Wenn du einen Kick brauchst, um wieder voll bei der Sache zu sein, atme langsam ein und schnell aus. Wenn du sehr müde bist, geschieht dies sogar als Reflex deines Körpers; du gähnst und atmest so sehr lange ein. Wenn du aber zur Ruhe kommen willst, z.B. wenn du vor oder während einer

Klassenarbeit nervös und unkonzentriert bist, dann atme zügig ein und langsamer aus. Geh dabei folgendermaßen vor:

● Schließ deine Augen.
● Atme durch die Nase tief ein und zähl dabei in Gedanken 1–2–3.
● Halt die Luft an, während du weiter zählst 4–5.
● Atme durch den Mund langsam aus und zähl dabei rückwärts 4–3–2–1–0.
● Wiederhole diese Übung 5 bis 10 mal.

Der Kranich

Auch mit dieser Übung kannst du deine Konzentration verbessern.

● Nimm dazu die abgebildete Körperhaltung ein,
● press deine Zunge von innen gegen die Schneidezähne,
● fixiere mit deinen Augen einen festen Gegenstand
● und atme gleichmäßig ein und aus.

Muskelentspannung

Wenn du nach langem Sitzen am Schreibtisch verspannt bist, verhilft dir eine Muskelentspannung zu neuer Stärke. Leg dich zunächst entspannt auf den Rücken. Spann dann die folgenden Muskelgruppen wie beschrieben nacheinander fest an. Halte die Spannung jeweils 5 bis 8 Sekunden und mach nach jeder Muskelgruppe etwa 20 Sekunden Pause.

- Beine strecken, Waden in den Boden drücken, Füße anziehen und Zehen spreizen
- Bauch ausstrecken und Pobacken zusammenkneifen
- Fäuste ballen und zur Schulter ziehen
- Kopf vom Boden abheben und Schultern nach innen zusammenziehen
- Grimassen schneiden

Schieß los!

Stell dir vor, du wärst ein Bogenschütze, hieltest den Bogen in der linken und den Pfeil mit der Sehne in der rechten Hand. In einem (Atem)Zug nimmst du den Bogen hoch, spannst ihn, zielst und atmest ein. Während du das Ziel fest im Blick hast, hälst du die Luft an, um schließlich auszuatmen, während du die Sehne loslässt und den Bogen wieder nach unten nimmst. Wiederhole diese Übung dreimal, und zwar unmittelbar nacheinander, um dich so voll konzentriert auf ein neues Ziel einzuschießen.

Bedürfnisse bestimmen dein Leben. Wonach du auch strebst, was immer du dir wünschst, hinter allem steht ein Bedürfnis. Manche motivieren dich und helfen dir so, konzentriert zu arbeiten. Andere belasten dich und wirken als wahre Konzentrationskiller. Einen klaren Kopf haben heißt also auch, mit seinen Bedürfnissen richtig umzugehen. Wie man das macht, erfährst du jetzt.

Damit du deine Bedürfnisse besser managen kannst, werden sie in verschiedene Arten unterteilt.

Grundbedürfnisse

Grundbedürfnisse wie Essen & Trinken, Schlaf, Bewegung oder das Bedürfnis, auf die Toilette zu gehen, müssen befriedigt werden. Ansonsten ist die Ablenkung, die sie bewirken, zu groß, um konzentriert arbeiten zu können. Das gilt übrigens auch für Klassenarbeiten. Wenn du musst, geh! Die drei dafür geopferten Minuten holst du anschließend durch doppelt konzentriertes Arbeiten wieder auf.

Bedürfnis nach Erfolg

Wer zu wenig Anerkennung bekommt, fühlt sich nicht wohl! Du brauchst Erfolgserlebnisse, die dir Selbstvertrauen schenken, und eine gewisse Stellung in der Klasse, im Sportverein oder im Freundeskreis sichern. Das Bedürfnis nach persönlichem Erfolg ist deshalb sehr hilfreich, um motiviert und konzentriert zu arbeiten. Überleg dir, was du erreichen willst, und verfolge dein Ziel hartnäckig und konzentriert.

Soziale Bedürfnisse

Soziale Bedürfnisse sind z. B. die Sehnsucht nach Freundschaft und Liebe, nach Eltern, die für dich da sind, und nach Menschen, mit denen du auch über Probleme reden kannst. Diese Bedürfnisse kannst du besser managen als etwa deine Grundbedürfnisse. Plane, wie und wann du dich um sie kümmern willst, um dich von ihnen nicht beim konzentrierten Arbeiten ablenken zu lassen. Folgende Tipps sowie Kapitel 4 werden dir dabei helfen.

Führ Sprechzeiten ein!

Du musst nicht immer für jeden deiner Freunde erreichbar sein. Klär ab, wann du ausschließlich arbeiten möchtest und wann du dich mit Freunden treffen oder unterhalten möchtest. Dann bleiben konzentrationskillende Telefonate, Short-Messages und Besuche während deiner Arbeitsphase aus.

Das 3-Stufen-Programm

Wenn dich ein zwischenmenschliches Problem bedrückt und dich vom konzentrierten Arbeiten abhält, dann:

1. Versuch es mit einem Vermerk für deine To-Do-Box.
2. Falls das keine Wirkung zeigt, schreib dir alles von der Seele. Oft geht es danach schon viel besser.
3. Wenn all das nichts hilft, versuch das Problem erst zu regeln und mache dich dann an die Arbeit.

Sicherheitsbedürfnisse

Sicherheitsbedürfnisse sind von sozialen Bedürfnissen oft nur schwer zu unterscheiden. Indem deine Eltern für deinen Lebensunterhalt sorgen, befriedigen sie z.B. auch dein Bedürfnis nach Sicherheit. Aber auch der Wunsch, dich bei Klassenarbeiten sicher zu fühlen, ist letztendlich ein Sicherheitsbedürfnis. Wenn du dich wegen einer schlechten Vorbereitung bei einer Prüfung unsicher fühlst, fällt es dir schwer, dich zu konzentrieren.

Besiege deine
Konzentrationskiller

Hast du beim Lesen dieses Kapitels einige deiner Konzentrationskiller wiedererkannt? Wenn ja, findest du hier einige Vorschläge für Sofortmaßnahmen. Kreuze an, welche der folgenden Maßnahmen du sofort ergreifen möchtest!

Maßnahme **o.k.**

- FESTER ARBEITSPLATZ ◯
- ARBEITSPLATZ NUR MIT ARBEITS-MATERIALIEN AUSSTATTEN ◯
- TO-DO-BOX BASTELN ◯
- ENTSPANNUNGSÜBUNGEN AUSPROBIEREN ◯
- WOHLFÜHLATMOSPHÄRE SCHAFFEN ◯
- FÜR AUSREICHENDEN SCHLAF SORGEN ◯
- SPRECHZEITEN EINFÜHREN ◯
- BEDÜRFNISSE MANAGEN ◯

Wahrscheinlich hast du noch weitere eigene Konzentrationskiller gefunden. Überlege, wie und bis wann du sie beseitigen kannst:

Maßnahme	bis wann	ok
		○
		○
		○
		○
		○
		○

Zu schwierig? Vielleicht kann ich dir helfen. Fragen an:
bjoern.gemmer@lernteam.de.

Zusammenfassung

Auf dem Weg zu einem klaren Kopf musst du drei
Stationen passieren:

● Bau Ablenkungen ab, indem du deinen Arbeitsplatz
  störungsfrei gestaltest und eine Atmosphäre zum
  Arbeiten und Wohlfühlen schaffst;

● Gelange zu innerer Ruhe, indem du Entspannungs-
  techniken wie Atemübungen oder Muskelentspannungen durchführst;

● Lass dich nicht von deinen eigenen Bedürfnissen aus
  dem Konzept bringen, sondern befriedige deine zahl-
  reichen und unterschiedlichen Bedürfnisse zur richtigen Zeit.

4. Alles unter Kontrolle

Wie hilft dir eine gute Planung,
deine Aufgaben in den Griff zu bekommen?

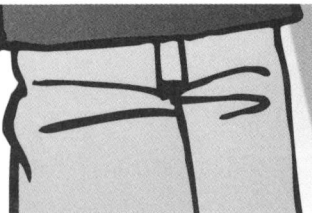

Wie kannst du Stress überwinden und
dadurch deine Konzentrationsfähigkeit steigern?

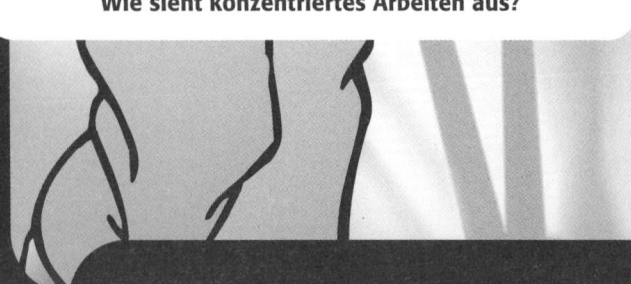

Wie sieht konzentriertes Arbeiten aus?

Nachdem du in den ersten drei Kapiteln eine Menge über Konzentration erfahren hast, kannst du nun mit einem Aktionsprogramm durchstarten und endgültig zum Konzentrations-Profi werden. Schluss mit Chaos, Stress, Plan- und Ziellosigkeit! Wenn du genau weißt, wann du was zu tun hast, kannst du die anstehenden Aufgaben in der dir zur Verfügung stehenden Zeit erledigen.

Wenn du zum richtigen Zeitpunkt Pausen machst und diese sinnvoll gestaltest, bist du immer frisch und konzentriert bei der Sache. Mit einem Ziel vor Augen und der richtigen Strategie, dieses Ziel zu erreichen, kannst du deine Konzentrationsfähigkeit noch einmal verbessern.

Sofortmaßnahme: Gedankenstopp

Sind deine Gedanken gerade dabei abzuschweifen? Dann verbiete es ihnen! Stopp deine Gedanken auf ihren Irrwegen, leite sie zurück zur anstehenden Aufgabe! Je häufiger du diese Übung durchführst, umso besser wird sie dir gelingen. In Härtefällen kannst du auch einen Wecker im Viertelstunden-Takt klingeln lassen, der dich aus deinen Tagträumen reißt.

Die Zeit im Griff

Hast du oft das Gefühl, alles bricht über dir zusammen, weil du einfach zu viel zu tun hast? Als Folge wirst du nervös und gerätst in Stress. Schließlich bist du so unkonzentriert, dass gar nichts mehr geht, während dir die Zeit davonläuft. Aber so muss es nicht sein! Lern, deine Zeit sinnvoll einzuteilen, indem du dir zunächst einen Überblick verschaffst und dann folgende Tipps beachtest.

Arbeite zur richtigen Zeit!
Die folgende Tagesleistungskurve ist eine Durchschnittskurve, die auf verschiedenen medizinischen Untersuchungen beruht. Demnach ist die beste Zeit für Hausaufgaben zwischen 16 und 18 Uhr. Das „Suppenkoma" nach dem Mittagessen verhindert konzentriertes Arbeiten, da der Körper viel Energie zum Verdauen benötigt.

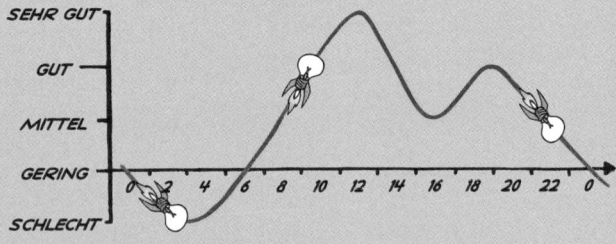

Zeichne in das Diagramm deine persönliche Tagesleistungskurve ein. So findest du deine optimale Lernzeit heraus und kannst dich danach richten!

Stell die leichteste Aufgabe an den Anfang!
Beim Sport ist Aufwärmen Pflicht! Wärm dich auch vor dem konzentrierten Lernen mit etwas Leichtem auf! Außerdem motiviert es dich sicherlich, wenn du zu Beginn schnell mit einer Aufgabe fertig bist.

Gestalte deinen Zeitplan abwechslungsreich!
Unterteile deine Aufgaben nach Fachrichtung, Schwierigkeitsgrad oder mündlichen und schriftlichen Aufgaben und misch sie dann bunt durcheinander. So vermeidest du Langeweile und sogenannte Ähnlichkeitshemmungen, die zu Verwechslungen des Lernstoffs führen und deine Aufnahmefähigkeit herabsetzen. Du solltest also nach dem Lernen von Englisch-Vokabeln besser Matheaufgaben als Französisch-Vokabeln in Angriff nehmen.

Setz dir ein Zeitlimit!
Die Parkinson'sche Regel besagt, dass man für eine Aufgabe genau so viel Zeit benötigt wie man dafür vorsieht. Du solltest also den Zeitpunkt für den Beginn und das Ende deiner Aufgabe genau festlegen und dich auf diese Weise zum konzentrierten Arbeiten zwingen.
Falls du aber unter Zeitdruck nicht konzentriert arbeiten kannst, plan lieber etwas mehr Zeit ein. Für den Fall, dass du dann doch weniger Zeit brauchst, motiviert dich das zum konzentrierten Weiterarbeiten.

Mit Pausen
zu neuer Energie

Der folgende Tipp dürfte dir gefallen: Mach Pausen, denn Pausen sind notwendig, um über längere Zeit konzentriert arbeiten zu können.

Pausen sind effektiv

Bei einem Experiment sollten zwei Gruppen von Schülern eine lange Zahlenreihe addieren. Während Gruppe 1 die Aufgabe ohne Pause erledigen musste, hatte die 2. Gruppe den Auftrag, in gewissen Zeitabständen kurze Pausen einzulegen. Am Ende hatte Gruppe 2 nicht nur weniger Fehler, sondern war auch trotz Pausen schneller fertig.

Konzentrationsfähigkeit während einer Stunde

Die folgende Grafik zeigt den durchschnittlichen Verlauf der Konzentrationsfähigkeit einer Person während einer Stunde. Nach 25 Minuten sollte man eine Pause einlegen, sonst lässt die Konzentration stark nach.

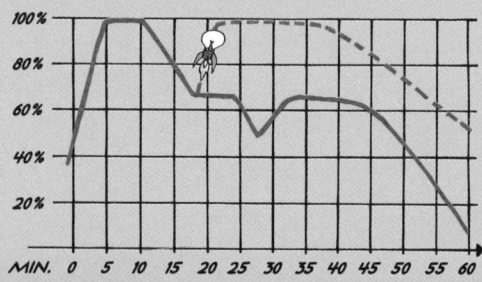

Finde den richtigen Pausenrhythmus!

Grundsätzlich kannst du weiterarbeiten, solange du konzentriert bei der Sache bist. Sobald du aber merkst, dass deine Konzentration nachlässt, solltest du eine kurze Pause von 2 bis 5 Minuten einlegen. Wann es soweit ist, hängt unter anderem von deinem Alter ab:

● bei 8 bis 9-jährigen nach etwa 20 Minuten,
● bei 10 bis 12-jährigen nach etwa 25 Minuten und
● bei über 12-jährigen nach spätestens 30 Minuten.

Spätestens nach anderthalb bis zwei Stunden ist es Zeit für eine Pause von 15 bis 20 Minuten. Es ist sinnvoll, die Pausen mit zunehmender Lernzeit zu verlängern.

Die richtige Pausengestaltung

Damit du nach der Pause auch wieder fit bist, um konzentriert weiterarbeiten zu können, solltest du deine Pausen aktiv gestalten. Hier einige Vorschläge:

● Geh an die frische Luft und tanke Sauerstoff!
● Trink etwas, am besten Apfelschorle oder Mineralwasser!
● Iss eine Kleinigkeit, achte dabei auf Vitamine und Mineralstoffe und vermeide Fett und Süßigkeiten!
● Mach Entspannungsübungen, wie auf den Seiten 38 bis 40 beschrieben.
● Motiviere dich zu kleinen Bewegungs- oder Dehnungsübungen.

Handelst du oft unüberlegt und voreilig? Machst du dadurch häufig Fehler oder scheiterst gar an deinen Aufgaben? Das folgende 10-Punkte-Programm für konzentriertes Arbeiten hilft dir, diese Probleme in den Griff zu bekommen, wenn du es konsequent anwendest.

Aufgabe

Um das Programm gleich zu verinnerlichen, solltest du parallel zum Lesen versuchen, die folgende Knobel-Aufgabe zu lösen: Ordne 10 Münzen in 5 geraden Reihen zu je 4 Münzen an! Alles, was sich konkret auf diese Aufgabe bezieht, ist im Folgenden kursiv geschrieben.

1. Zuhören bzw. genau lesen

Oft scheitert man schon daran, dass die Aufgabenstellung falsch oder unvollständig aufgenommen wird. Hör bei mündlichen Aufgabenstellungen daher genau zu, und zwar bis sie fertig vorgetragen worden sind!

Lies schriftliche Aufgabenstellungen sehr sorgfältig, am besten zweimal!
Die Aufgabenstellung steckt in nur einem Satz! Finde ihn und lies ihn sorgfältig!

2. Langsam, ganz langsam!

Leg nicht gleich los, lass dir Zeit, bloß nicht hektisch werden!

3. Wie lautet die Aufgabe?

Finde heraus, was zu tun ist. Erfasse dazu den Sinn der Aufgabenstellung und gib sie in eigenen Worten wieder. Wirklich verstanden? Nein? Dann noch einmal! Lass dir Zeit!

Wie? Was? 10, 5, 4?
Was soll ich machen?

4. Checke deine Vorkenntnisse!

Über welches Vorwissen verfügst du bezüglich dieses Themas? Hast du darüber nicht schon mal etwas gelesen? Wo und wann war das? War die Aufgabe an der Tafel nicht

so ähnlich? Wenn du dir über dein Vorwissen im Klaren
bist, versuch es im Folgenden auch anzuwenden.

*Obwohl die Aufgabe nicht gerade einfach ist, brauchst du
dafür keine Vorkenntnisse.*

5. Formuliere Teilziele!

Oft kannst du nicht in einem Schritt zur Lösung einer
Aufgabe gelangen. Du musst dann Teilziele formulieren,
die dich dem endgültigen Ziel immer näher bringen.
Wenn du z.B. ein Referat vorbereiten musst, könnte das
erste Teilziel sein, dich in des Thema einzulesen, also
Informationen zu sammeln. Das zweite Teilziel wäre dann,
den Inhalt des Referats zu strukturieren, bevor du alles zu
Papier bringst und im letzten Schritt das Vortragen übst.

*Bei dieser kleinen und überschaubaren Knobelaufgabe
brauchst du kein Teilziel zu formulieren.*

6. Und wieder langsam, ganz langsam!

Kennst du nun deine Aufgabe, bist du dir deiner Vorkenntnisse bewusst und hast du dein Ziel formuliert? Dann
solltest du aber immer noch nicht starten, langsam!

7. Was ist die richtige Vorgehensweise?

Überleg dir, mit welcher Strategie du vorgehen solltest, um dein Ziel zu erreichen. Mach dir bewusst, welcher Schritt dem anderen folgen muss.

Versuche ich es durch Ausprobieren oder gibt es ein System? Verwende ich wirklich Münzen oder skizziere ich das Ganze auf Papier? Versuche ich zunächst drei Reihen zu legen und hefte einfach irgendwo noch etwas an oder ergeben sich alle Reihen gleichzeitig?

8. Wenn's nicht weiter geht…

Wenn dir die Aufgabe nicht so gelingt, wie du dir das vorgestellt hast, solltest du zuerst überlegen, woran es liegt. Was genau kannst du nicht auf Anhieb? Wo hast du Schwierigkeiten? Nur wenn du dir des Problems bewusst bist, kannst du es aus der Welt schaffen.

Hier ist die Misere leicht zu beschreiben: entweder man kann's oder man kann's nicht! Wenn du nicht weiter kommst, versuch es mit einem anderen Ansatz.

9. Nicht aus der Ruhe bringen lassen!

Wenn du ein Teilziel nicht auf Anhieb erreichst, lass dich dadurch nicht gleich aus der Bahn werfen. Frust gehört zum Geschäft. Also: nicht aufgeben!

Du solltest deinen vorläufigen Misserfolg akzeptieren und weiter an einer Lösung des Problems arbeiten.

Insbesondere bei dieser Aufgabe ist die Wahrscheinlichkeit, dass du es nicht schaffst, recht hoch. Also bleib gelassen!

10. Betrachte dein Ergebnis kritisch!

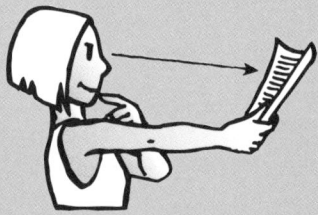

Bist du zufrieden oder gibt es Unstimmigkeiten? Zum Schluss dieses 10-Punkte-Programms für konzentriertes Arbeiten solltest du deine Verbesserungsvorschläge in die Tat umsetzen.

Man kann es sich einfach machen: die 10 Münzen nebeneinander legen, jeweils 4 abzählen und als Reihe identifizieren. Aber das wäre kein befriedigendes Ergebnis, denn es ist nicht im Sinne der Aufgabenstellung. Was wäre besser?

Weitere mathematische Knobelaufgaben findest du im Internet, z.B. unter:
www.mathe-spass.de oder
www.bezreg-duesseldorf. nrw.de /schule/mathe/mathe.htm

Zusammenfassung

Um konzentriert arbeiten zu können, ist es notwendig, dass du deine Aufgaben und Vorhaben organisierst.

- **Dazu gehört, einen Zeitplan zu erstellen, der auf alle anstehenden Aufgaben und Termine eingeht, abwechslungsreich gestaltet ist und deine persönliche Tagesleistungskurve berücksichtigt.**

- **Alle 15–20 Minuten sollten kleine und alle anderthalb Stunden große Pausen eingelegt werden. Entspannungs- und Bewegungsübungen helfen dir, in der Pause neue Energie für konzentriertes Arbeiten zu tanken.**

- **Das 10-Punkte-Programm für konzentriertes Arbeiten solltest du verinnerlichen und konsequent anwenden. Achte dabei stets darauf, dass du bewusst handelst und Ziele konsequent verfolgst.**

P.S.: Die Lösung der Knobel-Aufgabe

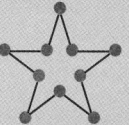

Konzentrations-Tipps

1. C'mon people!

Motivation und Interesse sind die besten Voraussetzungen für Konzentration. Versuche dich zu motivieren, indem du das Positive in einer Aufgabe suchst.

2. Move your body!

Mit Sport trainierst du nicht nur deinen Körper, sondern verbesserst auch deine geistige Fitness und Konzentration. Reserviere in deinem Wochenplan mindestens drei Stunden für Sport und Bewegung.

3. Breakfast at Tiffany's

Achte auf die richtige Ernährung! Dadurch kannst du deinem Gehirn das geben, was es braucht, um konzentriert arbeiten zu können. Vermeide insbesondere starke Blutzuckerschwankungen, indem du nicht zu viel Süßes isst.

4. Free your mind…

…and the rest will follow! Schalte Ablenkungen jeglicher Art aus! Besonders wichtig ist in diesem Zusammenhang ein ruhiger und sinnvoll ausgestatteter Arbeitsplatz.

5. Relax!

Entspannungsübungen sind besonders geeignet, um zu

innerer Ruhe zu gelangen. Deine Konzentration profitiert von Atemübungen und Muskelentspannungen.

6. Satisfaction

Um konzentriert arbeiten zu können, musst du dir über deine Bedürfnisse im Klaren sein und sie zum richtigen Zeitpunkt befriedigen statt sie zu unterdrücken.

7. Tomorrow never knows

Plane deine Arbeitszeit! Gewinne einen Überblick über die anstehenden Aufgaben und gestalte deinen Zeitplan abwechslungsreich. Beachte dabei stets deine Tagesleistungskurve. So arbeitest du konzentrierter, effizienter, mit mehr Spaß und weniger Stress.

8. Fortsetzung folgt

Pausen sind notwendig, um deine Konzentration über einen längeren Zeitraum aufrechtzuerhalten. Du solltest deine Pausen sinnvoll gestalten. Dazu gehören kleine Bewegungs- und Entspannungsübungen oder die Befriedigung deiner Grundbedürfnisse.

9. Show me the way!

Verinnerliche das 10-Punkte-Programm für konzentriertes Arbeiten. Fertige dazu ein Plakat an mit den 10 Tipps und Aufforderungen sowie den zugehörigen Zeichnungen und häng es gut sichtbar über deinem Schreibtisch auf.

10. Head Games – mach Konzentrationsübungen!

Du kennst jetzt die Voraussetzungen für konzentriertes Arbeiten. Durch gezielte Übungen kannst du deine Konzentration zusätzlich verbessern. Weitere Übungen findest du im Internet (Adressen nächste Seite).

Kim-Spiele

Dazu brauchst du eine weitere Person, z.B. einen Freund, allein geht es nicht. Dein Freund ordnet 10 bis 20 Gegenstände auf dem Boden an. Du betrachtest sie genau und schaust dann weg, während er sie umordnet. Danach schaust du wieder hin und musst sagen, welcher Gegenstand anders angeordnet oder weggenommen wurde.

Zähl die Ecken einer Briefmarke,…

…ohne diese mit den Fingern oder anderen Hilfsmitteln zu berühren.

Schreib spiegelverkehrt!

Nimm dir einen Satz aus einem beliebigen Text vor und versuche, ihn so abzuschreiben, als würdest du ihn im Spiegel betrachten. Kontrolliere dein Ergebnis am Spiegel.

Zähl die Wörter in einem Liedtext!

Leg ein Lied auf und zähl die Wörter, während du es hörst. Den Schwierigkeitsgrad dieser Übung kannst du durch Geschwindigkeit und Sprache des Liedes variieren.

Empfehlenswerte Bücher

Aust-Claus & Hamer: *Das ADS-Buch*
Ratingen: Oberste Brink Verlag GmbH 2000

Horn, Sam: *Konzentration*
Wien: Wirtschaftsverlag Carl Ueberreuter 1996

Konnertz, Dirk & Sauer, Christiane: *Lernspaß für Kids*
Offenbach: GABAL Verlag 2000

Konnertz, Dirk & Sauer, Christiane: *Abi mit Methode*
Bayreuth: Schmidt Verlag 1998

Krowatschek, Dieter: *Marburger Konzentrationstraining*
Dortmund: Borgmann Publishing GmbH 1995

Tücke, Prof. Dr. Manfred:
Psychologie in der Schule – Psychologie für die Schule
Münster: LIT Verlag 1999

Internet-Adressen

ADS-Beratungsstellen
www.osn.de/user/hunter/badd.htm
www.juvemus.de
www.hypies.com
www.das-hyperaktivitaet.de

Weitere Konzentrationsübungen
www.btc.at/konzentrationsueb.htm
www.weserbergland.de/aegymn/besser_lernen/konzen.htm